D1666815

COME SMETTERE DI PENSARE TROPPO

Guida pratica per sconfiggere il pensiero eccessivo e alleviare stress e ansia causati dall'overthinking, favorendo la pace mentale, la positività e la serenità

TOMMASO FARONE

INDICE

Introduzione

Se state leggendo queste parole, è probabile che anche voi spesso vi troviate immersi in un turbinio di pensieri incessanti, con la mente che sembra non trovare pace. Vi sentite sopraffatti dalle preoccupazioni, dall'ansia e dalle congetture che si agitano nella vostra testa, impedendovi di vivere appieno il presente?

Non siete soli. In questa società frenetica e iperconnessa, molti lottano con il pensiero eccessivo, che può portare a stress, ansia e una sensazione generale di malessere. Tuttavia, c'è speranza. Questo libro è stato creato appositamente per aiutarvi a liberarvi dalla prigione dei pensieri e a ritrovare un senso di calma interiore e serenità.

Preparatevi a intraprendere un viaggio di scoperta e trasformazione. Insieme esploreremo le radici del pensiero eccessivo, capiremo i suoi effetti negativi sulla nostra vita e impareremo le strategie e gli strumenti necessari per ridurne l'impatto e trasformarlo in una forza positiva.

Ma non preoccupatevi, non ci addentreremo in noiosi discorsi teorici. Questo libro è pieno di esercizi pratici, consigli e storie che vi guideranno lungo il percorso. Siete pronti a liberarvi dal peso del pensiero eccessivo e a vivere una vita più leggera e soddisfacente?

Imparerete a riconoscere i modelli di pensiero dannosi che vi intrappolano, a smettere di alimentare i pensieri negativi e a sviluppare una mente equilibrata, capace di affrontare le sfide quotidiane con calma e fiducia. Insieme, scopriremo come coltivare la consapevolezza del momento presente, capiremo come gestire lo stress e l'ansia, inizieremo a costruire relazioni sane e svilupperemo una mentalità di crescita che ci permetta di affrontare la vita con apertura e fiducia.

Il processo per liberarsi dal pensiero eccessivo

richiede tempo, impegno e pazienza. Ma il solo fatto che voi stiate leggendo queste parole dimostra che siete pronti per intraprendere questo viaggio. Non sarà sempre facile, ma percorreremo insieme tutto il cammino.

Siete pronti a iniziare? Prendete una boccata d'aria, rilassatevi e preparatevi a scoprire il potenziale di una mente libera e felice.

Buona lettura!

Capitolo 1: Capire il pensiero e i suoi effetti

"Educare la mente è aprire una finestra verso l'infinito, dove il pensiero può volare libero e aprirsi a nuove prospettive." - Albert Einstein

Il pensiero è una delle facoltà più potenti e straordinarie della mente umana. Attraverso di esso, siamo in grado di riflettere, analizzare, pianificare e immaginare. Tuttavia, il pensiero può anche diventare una fonte di tormento quando diventa eccessivo e incontrollabile.

1.1 I vantaggi del pensiero

Il pensiero svolge un ruolo fondamentale nel nostro processo di crescita e nello sviluppo personale. Esso ci offre numerosi benefici che influenzano positivamente la nostra vita in molteplici modi.

Innanzitutto, il *pensiero critico* ci permette di analizzare le informazioni in modo accurato e oggettivo. Ci aiuta a esaminare le situazioni complesse da diverse prospettive, permettendoci di prendere decisioni ponderate e informate. Attraverso il pensiero critico, possiamo valutare le evidenze disponibili, discernere tra fatti e opinioni, e sviluppare una comprensione più approfondita del mondo che ci circonda.

Il *pensiero creativo* è un altro dono prezioso che ci offre il nostro intelletto. Ci consente di esplorare nuove idee, generare soluzioni innovative e abbracciare la nostra espressione artistica. Grazie al pensiero creativo, possiamo superare i limiti imposti dalle convenzioni e scoprire nuove possibilità. Ci offre l'opportunità di pensare fuori dagli schemi, di rompere le regole stabilite e di aprire le porte alla nostra immaginazione.

Inoltre, il *pensiero analitico* è uno strumento essenziale per comprendere le cause e gli effetti degli eventi che si verificano nella nostra vita. Ci aiuta a identificare i modelli ricorrenti, a esaminare i dati e le informazioni a nostra disposizione, e a trarre conclusioni basate su prove concrete. Attraverso il pensiero analitico, possiamo affrontare le sfide con una prospettiva razionale e risolvere i problemi in modo strutturato.

In sintesi, il pensiero critico, creativo e analitico ci forniscono strumenti potenti per affrontare le sfide della vita e per ottenere una comprensione più profonda del mondo che ci circonda.

Sfruttando appieno il potenziale del nostro pensiero, possiamo ampliare le nostre capacità cognitive, prendere decisioni più consapevoli e aprire le porte a nuove opportunità di crescita personale.

1.2 I rischi del pensiero eccessivo

Quando il pensiero diventa un'ossessione, le conseguenze negative possono colpire profondamente la nostra salute mentale ed emotiva. Il pensiero eccessivo, invece di essere uno strumento di saggezza, diventa una prigione che ci imprigiona in un ciclo infinito di ansia e preoccupazione. Si nutre delle nostre paure irrazionali e ci impedisce di gustare appieno la dolcezza del presente.

Ci trascina in un mondo di ipotesi e supposizioni, facendoci dubitare costantemente delle nostre azioni e delle scelte che facciamo.

In questo stato di eccesso di pensiero, prendere decisione diventa un labirinto senza via di uscita. La paura di fare la scelta sbagliata ci paralizza, lasciandoci immobili e incapaci di progredire.

L'energia mentale che potremmo impiegare per concentrarci sulle nostre attività quotidiane viene risucchiata dal vortice del pensiero eccessivo. Il nostro sonno ne risente e la nostra autostima viene erosa a poco a poco.

E non solo: le nostre relazioni subiscono il peso di questo nostro malessere. Siamo distratti durante le conversazioni, incapaci di essere presenti emotivamente per coloro che ci circondano.

È cruciale che acquisiamo consapevolezza degli effetti dannosi del pensiero eccessivo per poter intraprendere il viaggio verso la liberazione.

Dobbiamo imparare a distinguere tra i pensieri che ci aiutano a costruire, e quelli che ci danneggiano e ci limitano. Solo così potremo rompere le catene che ci tengono prigionieri nella nostra stessa mente.

Attraverso le pagine di questo libro, avvieremo un percorso di trasformazione.

Esploreremo strategie e tecniche che ci permetteranno di gestire e ridurre il pensiero eccessivo, aprendo le porte a una vita più equilibrata, serena e gioiosa.

Attraverso la pratica costante e la consapevolezza, impareremo a dominare la nostra mente anziché permettere che sia essa a dominarci.

Nei capitoli a venire, esamineremo i modelli di pensiero dannosi e scopriremo come smettere di alimentare i pensieri negativi. Utilizzeremo di strumenti pratici per sviluppare una mente equilibrata, gestire lo stress e coltivare relazioni sane e appaganti. È il momento di liberarci dal peso del pensiero eccessivo e abbracciare una vita più leggera e autentica.

Capitolo 2: Riconoscere i modelli di pensiero dannosi

2.1 Sintomi fisici e mentali del pensiero eccessivo

I modelli di pensiero dannosi non si limitano ad influenzare la nostra mente, ma possono anche manifestarsi attraverso una serie di sintomi fisici e mentali. È di fondamentale importanza essere consapevoli di questi segnali, poiché ci forniscono preziose indicazioni sul fatto che il pensiero eccessivo stia avendo un impatto negativo sulla nostra salute complessiva.

Dal punto di vista fisico, il pensiero eccessivo può generare sintomi come tensione muscolare, mal di testa, disturbi del sonno e affaticamento cronico. L'incessante attivazione del sistema nervoso, causata da pensieri ansiosi o preoccupanti, può condurre ad uno stato di ipervigilanza e stress costante, che influisce negativamente sul nostro benessere fisico.

Sotto l'aspetto mentale, il pensiero eccessivo può generare una sensazione di stanchezza, difficoltà di concentrazione e problemi di memoria. Quando la mente è costantemente invasa da un flusso inarrestabile di pensieri, diventa arduo focalizzarsi su compiti specifici o godersi momenti di pace e relax. Ciò può portare ad una diminuzione delle prestazioni cognitive e ad una sensazione di confusione.

Inoltre, il pensiero eccessivo può alimentare ed amplificare i sintomi di ansia e depressione. Le preoccupazioni e l'autocritica costante possono innescare un circolo vizioso in cui l'ansia alimenta il pensiero eccessivo e, a sua volta, il pensiero eccessivo alimenta ulteriormente l'ansia, generando una spirale tossica ed infinita.

Questo può portare a sintomi come attacchi di panico, irritabilità, depressione e un generale senso di malessere emotivo.

Riconoscere questi sintomi fisici e mentali è fondamentale per comprendere l'impatto che il pensiero eccessivo ha sulla nostra vita.

Nei capitoli successivi, esploreremo una serie di strategie e tecniche volte a ridurre il pensiero eccessivo e ad alleviare tali sintomi, promuovendo una maggiore calma mentale e un benessere generale.

È giunto il momento di prendersi cura di noi stessi e di coltivare una mente sana ed equilibrata, in modo da poter affrontare la vita con serenità e fiducia.

2.2 L'auto-critica eccessiva

"Accettare sé stessi è il primo passo verso la libertà interiore. L'autocritica eccessiva ci imprigiona, ma l'amore e l'accettazione ci danno le ali per volare." *(sconosciuto)*

Uno dei modelli di pensiero dannosi più diffusi è rappresentato dall'auto-critica eccessiva. Quando ci analizziamo in modo costante, creiamo un ambiente interno caratterizzato da una negatività che può influire sulla nostra autostima e sul nostro benessere emotivo.

Ci sottoponiamo a un flusso incessante di pensieri autodistruttivi, mettendo in discussione le nostre capacità e il nostro valore personale.

Barbara è una giovane donna di talento e ambiziosa. Ha sempre puntato a ottenere il massimo in ogni aspetto della sua vita, che si tratti del suo lavoro, delle relazioni personali o dei suoi obiettivi personali. È una persona estremamente esigente e spesso si pone standard molto elevati.

Un giorno, Barbara riceve un feedback sul suo ultimo progetto lavorativo.

Nonostante il feedback sia prevalentemente positivo, concentrandosi solo su una piccola critica che le è stata fatta, Barbara inizia a interrogarsi sul suo valore e sulle sue capacità. La sua mente comincia a sommergerla con pensieri negativi e autocritica implacabile.

"Se solo avessi fatto meglio", "Non sono all'altezza di questo ruolo", "Le mie competenze non sono sufficienti", queste sono solo alcune delle frasi che si ripetono nella sua mente.

Nonostante i suoi sforzi e il suo successo, Barbara sembra concentrarsi solo sui piccoli errori che ha commesso, trascurando completamente le sue reali conquiste.

L'autocritica eccessiva diventa una costante nella vita di Barbara. Ogni volta che si trova di fronte a una nuova sfida, è pervasa da un senso di insicurezza e paura di fallire.

Le sue aspettative irrealistiche la portano a svalutare costantemente il suo lavoro e a mettere in dubbio la sua capacità di affrontare nuove situazioni.

Purtroppo, questo modello di pensiero limitante

inizia a influenzare anche le sue relazioni personali. Barbara ha difficoltà ad accettare i complimenti e spesso si preoccupa di deludere gli altri. La sua costante autocritica si riflette anche nelle sue interazioni sociali, poiché si sente sempre inadeguata e poco degna dell'attenzione e dell'affetto degli altri.

Barbara deve imparare a rompere questo ciclo distruttivo di autocritica.

È fondamentale che inizi a riconoscere il suo valore intrinseco e ad apprezzare i successi che ha ottenuto. Dovrebbe ricordarsi che il perfezionismo estremo non è necessario per il successo e che ogni errore o fallimento è un'opportunità di crescita e apprendimento.

Per individuare l'auto-critica eccessiva, è fondamentale iniziare a osservare attentamente i nostri pensieri e le parole che utilizziamo per rivolgerci a noi stessi.

Spesso ci rendiamo conto di essere troppo severi e

giudicanti, attaccando le nostre azioni e le nostre scelte con una rigidità implacabile. Questa forma di pensiero dannoso può rallentare il nostro progresso, impedirci di assumere rischi e minare la nostra fiducia in noi stessi.

È importante capire che l'auto-critica eccessiva non ci aiuta a crescere o a migliorare, ma ci trattiene in uno stato di auto-svalutazione e auto-sabotaggio.

Dobbiamo imparare a sostituire l'auto-critica con un atteggiamento più compassionevole e gentile verso noi stessi. Possiamo sviluppare una consapevolezza dei nostri successi e dei nostri punti di forza, riconoscendo che siamo umani e che commettere errori fa parte del processo di apprendimento.

Nel percorso verso la liberazione dall'auto-critica eccessiva, esploreremo strategie e tecniche per coltivare l'autocompassione e la fiducia in noi stessi.

Impareremo a riconoscere il valore della nostra unicità e a celebrare i nostri successi, anche quelli più piccoli. Smetteremo di giudicarci duramente e ci concederemo la libertà di sperimentare, crescere e sbagliare lungo il cammino.

Siamo degni di amore, rispetto e gentilezza, anche e soprattutto da parte di noi stessi.

Occorre liberarsi dall'auto-critica e abbracciare un atteggiamento di autostima e di cura verso sé stessi.

2.3 Il pensiero catastrofico

Un altro modello di pensiero dannoso è il pensiero catastrofico. Quando siamo preoccupati o ansiosi, tendiamo a immaginare il peggior scenario possibile in ogni situazione.

Creiamo immagini mentali di disastri imminenti e ci facciamo frenare dal pensiero di cosa potrebbe andare storto. Questo tipo di atteggiamento amplifica la nostra ansia e ci impedisce di affrontare le sfide con serenità e razionalità.

Per riconoscere il pensiero catastrofico, dobbiamo essere consapevoli dei nostri desideri e delle storie che ci raccontiamo nella mente che ci impediscono di agire per realizzarli.

Spesso ci accorgiamo di esagerare con la costruzione dei possibili risultati negativi, ignorando o minimizzando le probabilità di un esito positivo. Questo tipo di pensiero limitante ci tiene intrappolati nella paura e ci impedisce di vivere pienamente e con fiducia.

La storia di Marco offre un esempio di come il pensiero catastrofico può influenzare la vita di una persona.

Marco è un giovane imprenditore che ha appena avviato la sua startup.

Ha investito tempo, risorse e passione nel suo progetto, ma è costantemente pervaso da un senso di ansia e paura riguardo al suo successo.

Ogni volta che si trova di fronte a una nuova sfida o a una decisione importante, la sua mente si riempie di pensieri catastrofici.

Inizia a immaginare scenari in cui tutto va storto: i suoi clienti si disinteressano del suo prodotto, i suoi concorrenti lo superano, gli investitori si ritirano e il suo sogno di successo svanisce.

Questi pensieri negativi si ripetono in loop nella sua mente, alimentando la sua ansia e minando la sua fiducia.

Marco si trova così paralizzato dalle sue paure, e fatica a prendere decisioni ponderate.

Si perde in un vortice di ipotetici scenari catastrofici, che lo porta ad evitare rischi e ad agire in modo eccessivamente prudente.

Il pensiero catastrofico gli impedisce di vedere le opportunità e i potenziali successi che si presentano davanti a lui, lasciandolo intrappolato in una mentalità di difesa costante.

Questa mentalità limitante non solo ostacola la sua crescita professionale, ma influisce anche sulla sua salute mentale ed emotiva. Marco vive in uno stato di costante tensione e preoccupazione.

Per rompere questo ciclo di pensiero dannoso, Marco deve imparare a riconoscere quando sta cadendo nella trappola del pensiero catastrofico. Deve mettere in discussione i suoi pensieri negativi e valutare realisticamente le probabilità degli esiti.

È importante che impari a gestire l'ansia, ad affrontare le paure in modo razionale e a concentrarsi sulle azioni concrete che può intraprendere per ottenere successo.

Marco può beneficiare di tecniche di mindfulness e di pratiche di auto-compassione.

Questo gli permetterà di abbracciare il momento presente, di apprezzare i suoi sforzi e di coltivare una visione più equilibrata delle situazioni.

Gradualmente, con pratica e consapevolezza, Marco potrà liberarsi dal pensiero catastrofico e vivere una vita più serena, fiduciosa e piena di opportunità.

2.4 L'iperanalisi delle situazioni

L'iperanalisi delle situazioni è un modello di pensiero che può ostacolare la nostra capacità di prendere decisioni tempestive ed efficaci. Spesso ci troviamo immersi in un intricato labirinto di dettagli, cercando di esaminare ogni minimo aspetto di una situazione.

Ci perdiamo in un mare di informazioni, rischiando di perdere di vista l'aspetto generale e le informazioni essenziali.

L'iperanalisi può portarci a una paralisi decisionale, poiché cerchiamo di valutare ogni possibile esito e conseguenza, senza mai arrivare a una conclusione definitiva.

Ci troviamo in una sorta di stallo mentale, incapaci di muoverci avanti o indietro.

Questa costante ricerca di perfezione e di completezza può trasformarsi in un ciclo senza fine, impedendoci di fare progressi concreti e di prendere decisioni importanti.

Inoltre, l'iperanalisi delle situazioni ci fa vivere costantemente nel passato o nel futuro, anziché nel presente.

Siamo così assorbiti dalla valutazione dei possibili risultati a lungo termine che ci perdiamo l'opportunità di goderci il momento. Ci preoccupiamo delle implicazioni future e ci tormentiamo per le scelte passate, ma ci dimentichiamo di vivere pienamente nel qui e ora.

Per superare l'iperanalisi delle situazioni, è fondamentale sviluppare consapevolezza dei nostri schemi mentali e dei nostri pensieri.

Dobbiamo imparare a riconoscere quando stiamo cadendo nella trappola dell'iperanalisi e interrompere quel processo.

È importante ricordare che la perfezione non esiste e che non possiamo prevedere ogni possibile risultato. Dobbiamo trovare un equilibrio tra l'analisi razionale e l'intuizione, fidandoci della nostra capacità di prendere decisioni informate.

L'iperanalisi può manifestarsi in diversi aspetti della nostra vita, incluso il processo di avvicinamento a una nuova frequentazione amorosa. Quando incontriamo qualcuno di interessante e iniziamo a conoscerlo meglio, è naturale che la nostra mente entri in modalità di analisi.

Iniziamo a porci una serie di domande: *"Cosa pensa di me?"*, *"Sono abbastanza interessante per lui/lei?"*, *"Sarà una persona affidabile?"*, *"Abbiamo abbastanza interessi in comune?"*, e così via.

Questa incessante valutazione e analisi può essere estenuante e metterci in uno stato di iperattività mentale.

Ci ritroviamo a ricercare ogni minimo dettaglio delle conversazioni avute, analizzando i messaggi scambiati e cercando di interpretare ogni parola e gesto.

Ci tormentiamo con ipotesi sulle intenzioni dell'altra persona, cercando di capire se sia realmente interessata a noi o se si tratti solo di un'illusione.

L'iperanalisi in una nuova frequentazione può anche portare a un'eccessiva cautela e al timore di rischiare.

Ci facciamo bloccare dalla paura di fare una mossa sbagliata o di rivelare troppo di noi stessi. Questo atteggiamento difensivo ci impedisce di vivere il momento e di godere appieno della scoperta reciproca.

È importante riconoscere quando l'iperanalisi sta diventando eccessiva e ci sta ostacolando anziché aiutarci.

Dobbiamo imparare a bilanciare il desiderio di comprendere l'altra persona con la capacità di lasciar fluire le cose naturalmente.

La comunicazione aperta e sincera, insieme a una sana dose di fiducia in noi stessi, possono aiutarci a superare l'iperanalisi e ad avvicinarci all'altra persona in modo autentico.

Capitolo 3: Smettere di alimentare i pensieri negativi

3.1 Identificare e sostituire le convinzioni limitanti

Per identificare le convinzioni limitanti, dobbiamo riflettere sulle esperienze passate che potrebbero aver contribuito a formarle.

Ad esempio, potremmo pensare a situazioni in cui abbiamo avuto fallimenti o delusioni e analizzare come queste esperienze abbiano influenzato le nostre convinzioni su noi stessi e sulle nostre capacità.

Una volta individuate le convinzioni limitanti, possiamo lavorare attivamente per sostituirle con pensieri più positivi.

Questo richiede pratica e costanza nell'orientare il

nostro dialogo interno.

Possiamo iniziare scrivendo affermazioni positive che contrastano le convinzioni limitanti e leggerle ad alta voce ogni giorno, ricordandoci che le nostre potenzialità sono pressoché infinite.

Se sostituiamo *"Non trovo un partner perché non sono abbastanza attraente"* con *"La mia bellezza va al di là dell'aspetto fisico"*, non ci sentiamo subito meglio?

Se abbiamo la convinzione di non essere abbastanza bravi, possiamo invece affermare di essere una persona competente e talentuosa che può affrontare le sfide con successo.

Ripetendolo e visualizzando noi stessi in situazioni di successo, possiamo rafforzare una nuova prospettiva più positiva.

Inoltre, è utile cercare il supporto di persone positive e incoraggianti che ci sostengano nel processo di sostituzione delle convinzioni limitanti.

Possiamo condividere i nostri obiettivi e le nostre

sfide con loro e ricevere il loro sostegno e incoraggiamento.

L'ambiente sociale positivo può aiutarci a rafforzare le nuove convinzioni e a mantenere la motivazione nel percorso di cambiamento.

Sostituire le convinzioni limitanti è un passo cruciale per liberarsi dai pensieri negativi e costruire una mentalità più positiva e potenziata.

3.2 Praticare l'accettazione e il perdono

Importanti pratiche per smettere di alimentare i pensieri negativi sono l'accettazione e il perdono.

Spesso, ci attaccano ai rancori, ai rimpianti e alle situazioni del passato che continuano a nutrire il nostro malessere emotivo.

L'accettazione ci invita a riconoscere che il passato è ciò che è e non può essere cambiato, possiamo però scegliere di lasciarlo andare e di concentrarci sul presente, imparando dai nostri errori e dalle situazioni che ci hanno causato sofferenza.

Per praticare l'accettazione, è utile dedicare del tempo alla riflessione e cercare di comprendere il significato che attribuiamo alle situazioni passate.

Possiamo interrogarci se trattenere il rancore o rimuginare sui rimpianti ci sta veramente servendo, e se siamo disposti a perdonare noi stessi o gli altri.

Il perdono non implica giustificare o dimenticare ciò che è accaduto, ma liberarci dal peso emotivo che ci impedisce di vivere appieno nel presente.

Dobbiamo trovare la forza per andare avanti e trarre il meglio da ogni situazione, per quanto spiacevole possa essere, poiché ogni esperienza può aiutarci a comprendere meglio noi stessi e a continuare a crescere.

L'accettazione e il perdono richiedono un lavoro interiore costante.

È un processo di consapevolezza e di scelta, per non permettere ai pensieri negativi del passato di condizionare il nostro presente.

Quando riusciamo a lasciar andare il risentimento, la colpa o il rimpianto, diamo spazio alla guarigione emotiva e all'autentica crescita personale.

Ad esempio, immaginiamo di aver commesso un errore significativo che ci ha causato un profondo senso di colpa.

Possiamo iniziare ad accettare il fatto che l'errore è stato commesso e che non possiamo tornare indietro.

Possiamo riflettere su ciò che l'esperienza ci ha insegnato e su come possiamo fare meglio in futuro.

Infine, possiamo perdonarci sinceramente per l'errore commesso, riconoscendo la nostra umanità e permettendo a noi stessi di andare avanti senza il fardello del rimorso costante.

L'accettazione e il perdono sono strumenti che ci consentono di liberarci dal passato e di vivere pienamente nel presente.

Quando siamo in grado di accogliere ciò che è stato e di perdonare noi stessi e gli altri, apriamo la porta alla felicità, alla pace interiore e alla possibilità di creare una vita piena di amore e gratitudine.

3.3 Coltivare la gratitudine e la positività

La gratitudine è un'abitudine che ci invita a riconoscere e apprezzare le cose positive che accadono nella nostra vita, anche quelle più piccole e apparentemente insignificanti.

Questa pratica ci permette di spostare l'attenzione dai problemi e dalle preoccupazioni verso ciò che ci rende felici, grati e soddisfatti.

Possiamo dedicare un momento ogni giorno per riflettere su ciò per cui siamo grati, scrivendo un diario della gratitudine o semplicemente esprimendola mentalmente.

Potremmo ringraziare per la nostra salute, per le persone che ci amano, per le opportunità che ci sono state offerte, per i momenti di gioia e serenità che abbiamo vissuto.

Questo ci aiuta a coltivare una prospettiva positiva e ad aprire la mente all'abbondanza che ci circonda.

Coltivare la positività implica adottare un'ottica ottimistica e consapevole dei pensieri che nutriamo nella nostra mente.

Spesso, ci lasciamo trasportare dai pensieri negativi e dalle preoccupazioni, che alimentano ulteriormente la nostra negatività.

Possiamo imparare a riconoscere i pensieri negativi e sostituirli prontamente con pensieri positivi.

Questo richiede consapevolezza e pratica costante.

Possiamo incorporare nella nostra routine quotidiana l'utilizzo di affermazioni positive, ripetendole regolarmente per rafforzare la nostra fiducia e ottimismo.

La visualizzazione dei risultati desiderati è un'altra tecnica che ci aiuta a mantenere un atteggiamento positivo, immaginando vivamente ciò che desideriamo raggiungere.

Inoltre, l'esposizione a contenuti ed esperienze che ci ispirano, come letture motivazionali o attività che amiamo, può influenzare positivamente la nostra mentalità e ci aiuta a mantenere una prospettiva positiva.

"Educare la mente a pensare in modo positivo è come allenare il corpo a essere forte.

È un processo che richiede costanza, impegno e perseveranza, ma i risultati sono straordinari.

Il pensiero positivo è la chiave che apre le porte dell'opportunità e dell'abbondanza, trasformando la nostra realtà e illuminando il nostro cammino." - *Paulo Coelho*

Smettere di alimentare i pensieri negativi richiede un impegno e una pratica quotidiana, ma i benefici che ne derivano sono enormi.

Coltivare la gratitudine e la positività ci permette di vivere con maggiore felicità, apprezzamento e consapevolezza del presente.

Capitolo 4: Strategie per gestire l'eccesso di pensiero

4.1 La meditazione e la consapevolezza

La pratica della meditazione e della consapevolezza è un'arte che ci permette di liberarci dall'eccesso di pensiero.

Attraverso la meditazione, alleniamo la mente a risiedere nel momento presente, lasciando da parte i pensieri incessanti che ci assillano.

Allo stesso tempo, la consapevolezza ci invita a "sentire" i pensieri, le emozioni e le sensazioni fisiche senza giudizio.

La meditazione può assumere molteplici forme, come il mindfulness, la meditazione guidata o la pratica della respirazione consapevole.

Queste tecniche ci aiutano a sviluppare una maggiore consapevolezza.

- Il mindfulness è una pratica di meditazione che consiste nell'essere consapevoli del momento presente, accettando e osservando i pensieri, le emozioni e le sensazioni che si presentano, senza giudizio. Si tratta di concentrarsi sul qui e ora, senza essere trascinati dai flussi incessanti di pensieri che possono disturbare la nostra tranquillità. Con il mindfulness, impariamo a essere presenti e ad accogliere ogni esperienza con apertura e consapevolezza.

- La meditazione guidata è una pratica che ci aiuta a rilassarci e a entrare in uno stato di calma e tranquillità attraverso l'ascolto di istruzioni guidate da un insegnante. Questo tipo di meditazione può essere particolarmente utile per coloro che sono alle prime armi con la meditazione o che desiderano essere aiutati nel processo. Attraverso la voce narrante, vengono fornite indicazioni su come rilassare il corpo, concentrarsi sulla respirazione o visualizzare immagini positive, consentendo di immergersi in uno stato di profonda quiete interiore.

- La pratica della respirazione consapevole è un'altra forma di meditazione che si concentra sull'attenzione e l'osservazione della respirazione. Consiste nel dedicare del tempo a osservare il flusso dell'aria che entra ed esce dal corpo, notando le sensazioni fisiche e le sensazioni di calma che si creano durante il processo respiratorio. Questo tipo di meditazione ci aiuta a concentrare l'attenzione sul presente, ad alleviare lo stress e a ritrovare uno stato di equilibrio e serenità.

Queste pratiche possono essere svolte in solitudine o guidate da un insegnante o da un'applicazione mobile.

La chiave è la regolarità: dedicare un po' di tempo ogni giorno per esplorare e approfondire queste tecniche, permettendo alla mente di rilassarsi, rigenerarsi e coltivare una maggiore consapevolezza di sé e del proprio ambiente.

La pratica della consapevolezza può essere integrata nella nostra quotidianità in diversi modi.

Vediamo alcuni suggerimenti:

- Sintonizzati sul presente: Prenditi del tempo ogni giorno per focalizzare la tua attenzione sul momento presente. Puoi scegliere di fare una breve pausa durante le attività quotidiane, come lavarsi i denti o fare una passeggiata, e concentrarti consapevolmente su ciò che stai facendo. Nota le sensazioni, i suoni, gli odori e i dettagli che altrimenti potresti tralasciare.
- Scansione corporea: Puoi esplorare la consapevolezza del corpo dedicando del tempo a una scansione corporea. Siediti o

sdraiati in un luogo tranquillo e lentamente sposta la tua attenzione attraverso le diverse parti del corpo, osservando le sensazioni fisiche e le tensioni. Puoi iniziare dai piedi e salire fino alla testa o viceversa. Lascia che la tua consapevolezza si posizioni su ogni parte del corpo, senza giudizio, solo osservando.

- Consapevolezza durante i pasti: Quando mangi, prenditi il tempo per essere consapevole del cibo che stai consumando. Nota i sapori, la consistenza e le sensazioni che provengono dal cibo mentre lo mastichi e lo inghiotti. Rallenta il ritmo e dedica la tua piena attenzione all'atto del nutrimento.

- Consapevolezza delle emozioni: Pratica l'osservazione delle tue emozioni senza giudizio. Riconosci e accogli le emozioni che emergono, senza cercare di reprimerle o amplificarle. Sii consapevole di come si manifestano nel tuo corpo e nelle tue sensazioni fisiche. Questo ti aiuterà a sviluppare una maggiore consapevolezza emotiva.

4.2 L'attività fisica come strumento di rilascio mentale

L'attività fisica può diventare un importante strumento per rilasciare la tensione mentale e gestire l'eccesso di pensiero.

Quando ci dedichiamo all'esercizio fisico, non solo lavoriamo sul nostro corpo, ma anche sulla nostra mente.

Scegliere un'attività fisica che ci piace e che si adatta alle nostre preferenze e capacità è fondamentale.

Può trattarsi di una camminata rilassante all'aperto, di una sessione di yoga che ci permette di connetterci con il nostro respiro e il nostro corpo, di una corsa che ci fa sentire liberi e leggeri, o di qualsiasi altra forma di movimento che ci soddisfi e ci permetta di concentrarci sulle sensazioni fisiche.

Durante l'attività fisica, poniamo l'attenzione sulle sensazioni del nostro corpo.

Riusciamo a sentire il contatto dei nostri piedi con il terreno, a percepire la tensione e il rilassamento dei nostri muscoli e a osservare il ritmo del nostro respiro.

Questa consapevolezza ci aiuta a distogliere la mente dai pensieri che la affollano e a immergerci completamente nell'esperienza del movimento.

La respirazione diventa un punto di riferimento fondamentale durante l'attività fisica.

Concentrandoci sulla nostra respirazione, respirando profondamente e consapevolmente, riusciamo a rimanere ancorati al momento presente e a lasciar andare i pensieri superflui.

La respirazione diventa una guida che ci permette di mantenere la concentrazione e di liberare la mente.

È anche un momento in cui ci si libera dalle tensioni accumulate nella mente e nel corpo.

Concediamoci di rilassarci e di lasciar andare le preoccupazioni mentre ci muoviamo.

Sperimentiamo il piacere e il senso di gratificazione che proviamo durante l'attività fisica, riconoscendo il valore di quel momento di distrazione positiva e di benessere che ci offre.

Ogni persona è unica, quindi è importante trovare l'attività che si adatta meglio alle nostre esigenze e preferenze.

L'obiettivo è coltivare una pratica regolare che ci permetta di rilasciare la tensione mentale, di ritrovare chiarezza e lucidità e di sperimentare una sensazione di benessere ed equilibrio.

4.3 La creatività come via di fuga

La creatività è uno strumento che ci permette di allontanarci dai pensieri che ci affliggono e di immergerci completamente in un mondo sereno e rilassante.

Che si tratti di dipingere, scrivere, suonare uno strumento o esprimersi attraverso qualsiasi altra forma artistica, la creazione diventa un vero e proprio rifugio che ci offre l'opportunità di concentrarci su un compito che ci appassiona.

Nello spazio creativo, abbiamo la possibilità di esplorare nuove prospettive e di scoprire il flusso artistico che ci porta a lasciarci trasportare dalla bellezza del processo stesso.

In questo contesto, riusciamo a distogliere l'attenzione dai pensieri negativi, permettendo alla nostra mente di immergersi appieno in un'attività che ci dona piacere e soddisfazione.

La creazione diventa un vero e proprio santuario, un

luogo sicuro in cui possiamo trovare rifugio dal caos mentale e permettere all'espressione più autentica di emergere.

Inoltre, la creatività rappresenta uno strumento di auto-espressione potente e significativo.

Attraverso la creazione artistica, siamo in grado di comunicare ed elaborare le nostre emozioni in modo non verbale.

Mentre le parole possono spesso risultare limitanti nel trasmettere appieno ciò che proviamo, l'arte ci offre la possibilità di tradurre l'intensità delle nostre esperienze interne in immagini, suoni e movimenti.

Ogni pensiero, ogni emozione e ogni sensazione prendono vita attraverso l'opera che creiamo, diventando visibili e tangibili non solo per noi stessi, ma anche per gli altri.

La creatività si configura quindi come un prezioso strumento che ci permette di esplorare, comunicare e dare voce alle profondità della nostra interiorità.

È un viaggio affascinante che ci conduce verso la

scoperta di noi stessi e verso la connessione con gli altri.

Nell'affrontare l'eccesso di pensiero, la pratica della creatività si rivela come un'autentica fonte di liberazione e di nutrimento per la nostra mente, il nostro cuore e la nostra anima.

Capitolo 5: Sviluppare una mente equilibrata

5.1 La gestione dello stress e dell'ansia

Lo stress e l'ansia influiscono negativamente sul nostro stato mentale, alimentando l'eccesso di pensiero e compromettendo la nostra capacità di affrontare le sfide quotidiane in modo sereno.

Pertanto, è cruciale adottare strategie efficaci per gestire e mitigare queste condizioni.

Una delle tecniche più potenti e accessibili è la pratica della respirazione profonda e consapevole, che abbiamo già analizzato precedentemente.

Attraverso la respirazione lenta e profonda, siamo in grado di stimolare il sistema nervoso parasimpatico, responsabile del rilassamento e del ripristino dell'equilibrio.

Dedicare alcuni minuti al giorno a concentrarsi sulla respirazione, visualizzando il flusso d'aria che entra ed esce dal nostro corpo, può favorire un senso di calma interiore e ridurre la tensione accumulata.

Oltre alla respirazione, esistono altre strategie che possono contribuire alla gestione dello stress.

L'esercizio fisico regolare è uno strumento efficace per ridurre la tensione e rilasciare endorfine, i cosiddetti "ormoni della felicità", che promuovono una sensazione di benessere generale e rilassamento.

Inoltre, è importante concedersi momenti di piacere e relax attraverso attività che ci appassionano.

Questo potrebbe includere la pratica di un hobby che ci permetta di staccare la mente dai pensieri stressanti e di concentrarci su qualcosa di gratificante.

Trascorrere del tempo all'aperto, immersi nella natura, può avere un effetto rigenerante e ristabilire un senso di connessione con l'ambiente circostante.

Inoltre, coltivare relazioni sociali positive e trascorrere del tempo con gli amici può fornire un supporto emotivo e offrire momenti di gioia e distensione.

Un'altra componente importante nella gestione dello stress è adottare uno stile di vita equilibrato, che includa una dieta sana.

Un'alimentazione adeguata può contribuire a fornire al corpo i nutrienti necessari per il benessere fisico e mentale, mantenendo un equilibrio energetico stabile.

Fare scelte consapevoli riguardo l'alimentazione può contribuire a ridurre l'ansia e fornire al corpo e alla mente le risorse necessarie per affrontare lo stress quotidiano.

In conclusione, la gestione dello stress e dell'ansia richiede l'adozione di strategie adeguate e personalizzate.

La pratica della respirazione consapevole, l'esercizio fisico regolare, l'adozione di attività piacevoli e rilassanti, il mantenimento di relazioni sociali soddisfacenti e un'alimentazione equilibrata sono solo alcune delle modalità attraverso le quali possiamo affrontare e ridurre lo stress, promuovendo una mente più tranquilla, resiliente e in equilibrio.

5.2 I condizionamenti

I condizionamenti sono gli schemi di pensiero e comportamento che acquisiamo fin dalla nostra infanzia attraverso l'influenza della società, della cultura, della famiglia e dell'ambiente circostante.

Questi condizionamenti possono plasmare le nostre credenze, le nostre aspettative e le nostre reazioni, influenzando la nostra percezione del mondo e le nostre relazioni.

I condizionamenti possono essere sia positivi che negativi.

Tuttavia, quelli negativi possono limitare la nostra

crescita personale e influire sulle nostre relazioni interpersonali.

Vediamo alcuni esempi comuni di condizionamenti a cui siamo abituati fin da bambini:

- "Devi essere perfetto": Spesso ci viene trasmesso il messaggio che dobbiamo essere perfetti in tutto ciò che facciamo, che dobbiamo raggiungere un'immagine ideale di successo e prestazione. Questo condizionamento può creare ansia e paura del fallimento, impedendoci di sperimentare nuove sfide e limitando la nostra autostima.

- "Le emozioni sono per i deboli": Alcune culture o ambienti familiari possono insegnarci a sopprimere o negare le nostre emozioni, considerandole segni di debolezza. Questo può ostacolare la nostra capacità di esprimere e gestire in modo sano le nostre emozioni, creando conflitti nelle relazioni e una mancanza di connessione emotiva.

- "Il successo è misurato dal denaro e dal prestigio": Spesso viene inculcata l'idea che il successo sia definito dal livello di ricchezza, status sociale o prestigio. Questo condizionamento può portare a una corsa sfrenata verso obiettivi materiali, trascurando l'importanza di valori come la felicità, il benessere personale e le relazioni significative.

- "Non puoi fidarti degli altri": In alcune situazioni, possiamo essere condizionati a essere sospettosi e diffidenti verso gli altri, convinti che le persone siano egoiste o malintenzionate. Questo può ostacolare la creazione di relazioni autentiche e significative, limitando la nostra capacità di fidarci degli altri e di sperimentare la connessione.

- "Le donne/gli uomini devono comportarsi in un certo modo": La società spesso ci impone stereotipi di genere molto rigidi, aspettandosi che uomini e donne si comportino in modi specifici. Questo condizionamento può limitare l'espressione autentica di sé stessi e creare conflitti nelle relazioni, poiché ci si aspetta che ci si conformi a determinati ruoli e comportamenti.

Riconoscere questi condizionamenti è il primo passo per liberarci da essi e sviluppare una mente più aperta e libera.

Attraverso la consapevolezza e il lavoro personale, possiamo sfidare queste credenze limitanti, sostituendole con nuove prospettive e valori che rispecchiano la nostra autenticità e il nostro benessere.

5.3 La pratica del mindfulness nella vita quotidiana

Approfondiamo la pratica del mindfulness, in quanto è un'importante strada per sviluppare una mente equilibrata.

Il mindfulness consiste nel prestare attenzione consapevole al momento presente, senza giudizio o reazione impulsiva.

Quando siamo consapevoli, siamo pienamente presenti nel qui e ora, accettando ciò che accade senza essere travolti dai pensieri o dalle emozioni.

Possiamo integrare il mindfulness nella vita quotidiana dedicando momenti specifici alla pratica formale della meditazione mindfulness, ma anche portando l'attenzione consapevole in tutte le attività che svolgiamo.

Possiamo essere consapevoli mentre mangiamo, camminiamo, lavoriamo o interagiamo con gli altri, notando le sensazioni, i pensieri e le emozioni che emergono nel momento presente.

La pratica del mindfulness ci aiuta a sviluppare una maggiore consapevolezza di noi stessi e del nostro ambiente, a ridurre l'eccesso di pensiero e a coltivare la serenità interiore.

Analizziamo nella pratica questo concetto particolare e non comune.

Di seguito alcuni suggerimenti su come integrare il mindfulness nella routine quotidiana:

- Momento di consapevolezza al risveglio:
  Al mattino, prima di alzarti dal letto, dedica qualche istante a portare l'attenzione consapevole al tuo respiro. Senti l'aria entrare e uscire dal corpo lentamente, mentre ti concentri sul presente. Puoi anche prenderti un momento per notare le sensazioni del corpo e le emozioni che sorgono.
- Consapevolezza durante le attività quotidiane:
  Durante le normali attività quotidiane (come mangiare, fare la doccia o lavare i piatti) prova

ad essere pienamente presente e consapevole di ciò che stai facendo. Sperimenta i profumi, i sapori, le texture e le sensazioni fisiche nel momento presente. Questo ti aiuterà a rimanere connesso con l'esperienza e ad evitare di lasciare che la mente vaghi troppo lontano.

- Momenti di pausa consapevole:
  Prenditi dei brevi momenti di pausa durante la giornata per praticare la consapevolezza. Puoi fare una breve camminata, osservando l'ambiente circostante e le sensazioni del corpo durante il movimento. Oppure puoi fare una pausa per qualche respiro profondo, focalizzando l'attenzione sul tuo corpo, lasciando andare le tensioni.

- Consapevolezza delle emozioni:
  Sii consapevole delle tue emozioni nel corso della giornata. Osserva i diversi stati emotivi che sorgono, senza giudicarli o reagire ad essi. Accogli le emozioni con gentilezza e

curiosità, osservandole come onde che vanno e vengono nella tua mente.

- Consapevolezza delle relazioni:

Sii presente e consapevole durante le interazioni con gli altri. Ascolta attentamente quando qualcuno parla, prestando attenzione non solo alle parole, ma anche al tono di voce e al linguaggio del corpo. Sii aperto e curioso nel comprendere le esperienze degli altri senza giudizio.

- Pratica formale del mindfulness:

Dedica regolarmente del tempo alla pratica formale del mindfulness, come la meditazione. Puoi iniziare con sessioni brevi di 5-10 minuti al giorno e aumentare gradualmente la durata. Scegli un luogo tranquillo dove sederti comodamente, focalizza l'attenzione sul respiro o su un punto di riferimento specifico, e osserva i pensieri e le sensazioni che emergono, lasciandoli andare liberamente.

5.4 Coltivare la resilienza emotiva

La resilienza emotiva è la capacità di adattarsi e riprendersi dalle sfide, dagli ostacoli e dalle situazioni difficili che si presentano nella vita.

Si tratta di una risorsa psicologica fondamentale che ci consente di affrontare le avversità, le delusioni e lo stress in modo positivo, permettendoci di continuare a progredire e crescere nonostante le difficoltà.

Essere resilienti non significa essere immuni al dolore o non provare emozioni negative, ma piuttosto sviluppare una capacità di reazione sana e costruttiva di fronte alle avversità.

Ciò implica avere una prospettiva ottimistica, avere fiducia nelle proprie risorse e avere la capacità di imparare dagli errori e dai fallimenti.

Per coltivare la resilienza emotiva, è importante sviluppare alcune abilità e atteggiamenti che possono aiutarci ad affrontare le sfide in modo sano e costruttivo:

- Accettare le emozioni:
  La resilienza emotiva richiede di accettare e comprendere le proprie emozioni, anche quelle negative. Ciò significa permettere a sé stessi di sentirsi tristi, arrabbiati o frustrati senza giudicarsi o reprimersi. Accettare le emozioni ci consente di elaborarle e affrontarle in modo sano.

- Mantenere una prospettiva ottimistica:
  Coltivare una prospettiva ottimistica ci aiuta a vedere le difficoltà come opportunità di crescita e sviluppo. Significa credere che possiamo superare le sfide e trovare soluzioni, anche quando le cose sembrano difficili.

- Sviluppare una rete di supporto:

Avere una rete di supporto sociale solida è fondamentale per la resilienza emotiva. Condividere le nostre sfide e le nostre emozioni con persone di fiducia può offrire conforto, permette di ricevere consigli disinteressati e ci fa avvertire un senso di connessione. Il supporto degli altri può aiutarci a superare le difficoltà e a ricostruire la fiducia in noi stessi.

- Imparare dalla frustrazione e dal fallimento:
  La resilienza emotiva implica la capacità di imparare dagli errori, dagli insuccessi e dalle delusioni. Significa adottare una mentalità di apprendimento: si devono considerare i fallimenti come opportunità di crescita e adattamento, non come una sconfitta definitiva.

- Praticare l'autocura:
  Prendersi cura di sé stessi è fondamentale per la resilienza emotiva. Ciò include dedicare

tempo ad attività che ci rigenerano, come l'esercizio fisico, la meditazione, il riposo e il nutrimento sano. Mantenere un equilibrio tra lavoro e vita personale è essenziale per preservare la nostra energia mentale ed emotiva.

Coltivare la resilienza emotiva richiede pratica e impegno costante.

È un processo che ci permette di sviluppare una mentalità più forte e flessibile di fronte alle avversità, aumentando la nostra capacità di affrontare le sfide con coraggio e determinazione.

Capitolo 6: Costruire relazioni sane e sostenibili

6.1 L'importanza della comunicazione autentica

La comunicazione autentica è un elemento fondamentale per costruire relazioni sane e sostenibili.

Si tratta di un processo che implica l'espressione sincera dei propri pensieri, sentimenti e bisogni, nonché l'ascolto empatico dell'altro.

Immagina di trovarti in una relazione di coppia in cui la comunicazione è superficiale e non autentica.

Potresti evitare di esprimere i tuoi sentimenti o le tue preoccupazioni per paura di essere giudicato o di causare conflitti.

Allo stesso tempo, potresti anche notare che il tuo partner non è in grado di comunicare apertamente con te, nascondendo i suoi veri sentimenti o evitando argomenti delicati.

Ora, immagina invece di vivere una relazione in cui la comunicazione è autentica.

Entrambi i partner si sentono liberi di esprimere i propri pensieri, sentimenti e bisogni in modo aperto e rispettoso.

C'è uno spazio sicuro in cui entrambi si ascoltano attentamente e cercano di comprendere le esperienze e le prospettive dell'altro.

Questa comunicazione autentica crea un legame profondo di fiducia, comprensione e supporto reciproco.

Proviamo ad analizzare una situazione comune:

due amici, Marco e Sara, si sono recentemente allontanati a causa di un malinteso.

Entrambi sentono che c'è una tensione nella loro

amicizia e desiderano risolvere la situazione in modo aperto e sincero.

Marco decide di avviare una conversazione di comunicazione autentica con Sara.

Si siedono insieme e Marco inizia dicendo: *"Sara, ultimamente ho notato una certa tensione tra noi e mi sento a disagio con questa situazione. Voglio che tu sappia che la nostra amicizia è importante per me e desidero affrontare apertamente quello che sta succedendo."*

Sara ascolta attentamente e risponde: *"Anche per me la nostra amicizia è preziosa, Marco, e mi dispiace che ci sia questa tensione. Mi piacerebbe capire meglio cosa è successo e trovare un modo per superare questo ostacolo."*

Marco prende un momento per riflettere e poi continua: *"Ho avuto l'impressione che tu fossi arrabbiata con me dopo l'evento di sabato scorso. Sono consapevole che potrei aver detto o fatto qualcosa che ti ha ferito, anche se non era mia* intenzione. *Vorrei capire meglio il tuo punto di vista e cercare di risolvere questa situazione in modo che la nostra amicizia possa tornare a essere solida come prima."*

Sara esprime le sue preoccupazioni e le sue emozioni, dicendo: *"Mi sono sentita un po' trascurata durante l'evento di sabato e mi sono chiesta se avessi davvero capito cosa stavo attraversando in quel momento. Mi ha fatto sentire un po' distante da te, ma capisco che potrebbe essere solo una mia percezione. Sono grata che tu abbia sollevato questo argomento perché voglio lavorare su queste emozioni e trovare una soluzione insieme."*

Marco e Sara continuano la conversazione in modo aperto e sincero, esprimendo le proprie preoccupazioni, ascoltandosi reciprocamente e cercando di trovare un terreno comune per risolvere il malinteso.

La comunicazione autentica permette loro di condividere le proprie emozioni e preoccupazioni in modo onesto, senza giudicare l'altro e cercando di trovare una soluzione che possa ristabilire la fiducia e la comprensione reciproca.

Questo esempio illustra come la comunicazione autentica possa favorire la comprensione, la risoluzione dei conflitti e il rafforzamento delle relazioni.

Essere aperti, vulnerabili e disposti ad ascoltare l'altro con sincerità sono elementi chiave per creare un ambiente di comunicazione autentica e costruttiva.

Marco e Sara hanno creato uno spazio sicuro in cui possono esprimere i propri sentimenti e lavorare insieme per superare le sfide.

Hanno dimostrato rispetto reciproco e la volontà di ascoltarsi e comprendersi.

Questo tipo di comunicazione richiede pratica e impegno costante.

A volte può essere difficile esprimere i propri sentimenti in modo aperto o ascoltare l'altro senza giudizio.

Tuttavia, attraverso la consapevolezza e l'impegno a migliorare, è possibile costruire relazioni più forti e significative.

6.2 La gestione delle emozioni

La gestione delle emozioni è un elemento chiave per costruire relazioni sane e sostenibili.

Le emozioni possono avere un impatto significativo sulle nostre interazioni con gli altri, e imparare a gestirle in modo equilibrato è fondamentale per mantenere relazioni positive.

Immagina di trovarti in una situazione in cui provi una grande delusione o rabbia nei confronti di un amico che non ha mantenuto una promessa importante.

Se non riesci a gestire queste emozioni in modo sano, potresti reagire impulsivamente, accusando il tuo amico in modo offensivo o chiudendoti emotivamente.

Questo potrebbe danneggiare la relazione e creare una distanza tra voi.

Immagina invece di riuscire a gestire queste emozioni in modo sano ed equilibrato.

Potresti prenderti del tempo per riflettere, cercando di comprendere cosa ha scatenato quella reazione e quali sono i bisogni che non sono stati soddisfatti.

Potresti poi decidere di affrontare la situazione in modo assertivo, comunicando i tuoi sentimenti e bisogni al tuo amico in modo rispettoso.

Questo ti permetterebbe di esprimere ciò che provi in modo costruttivo, senza attaccare personalmente l'altra persona.

Pensa di trovarti in una riunione di lavoro in cui viene presentato un progetto al quale hai lavorato duramente.

Durante la presentazione, ricevi dei feedback critici

da parte di un collega che mettono in discussione il tuo impegno e la qualità del tuo lavoro.

Inizialmente, potresti provare una grande frustrazione e rabbia di fronte a questi commenti.

Tuttavia, invece di lasciare che queste emozioni prendano il sopravvento, decidi di prenderti un momento per respirare profondamente e raccogliere i tuoi pensieri.

Riconosci che le tue emozioni sono valide, ma che devi gestirle in modo costruttivo.

Decidi quindi di porre delle domande al tuo collega per comprendere meglio i suoi feedback e per spiegare la tua prospettiva.

Questo ti permette di avviare una discussione aperta e rispettosa, in cui entrambi potete esprimere le vostre opinioni e lavorare insieme per trovare una soluzione.

Questo esempio illustra come la gestione delle emozioni possa contribuire a mantenere relazioni serene.

La gestione delle emozioni favorisce la comprensione reciproca, la comunicazione aperta e il mantenimento di relazioni sane e sostenibili.

Ricorda che la gestione delle emozioni è un processo continuo che richiede pratica e consapevolezza.

Ogni persona può avere strategie diverse per gestire le proprie emozioni, quindi è importante trovare gli approcci che funzionano meglio per te.

Ciò potrebbe includere attività come la meditazione, la pratica di esercizi di rilassamento, il confronto con i propri pensieri e la ricerca di supporto da parte di amici, familiari o professionisti qualificati.

L'obiettivo è sviluppare abilità che ti aiutino a gestire le tue emozioni in modo sano e a mantenere relazioni positive e gratificanti.

6.3 La fiducia reciproca e il supporto sociale

La fiducia reciproca e il supporto sociale sono pilastri fondamentali per favorire un senso di sicurezza, connessione e sostegno all'interno delle relazioni interpersonali.

La fiducia reciproca implica che ogni persona crede fortemente nell'integrità, nell'onestà e nell'affidabilità dell'altra.

Quando c'è fiducia, ci si sente a proprio agio nell'aprirsi, nel condividere i propri pensieri, sentimenti e bisogni senza paura di essere giudicati o traditi.

Crea un ambiente in cui le persone si sentono accettate e amate per ciò che sono, favorendo un senso di connessione profonda e autentica.

Il supporto sociale riguarda la presenza di una rete di persone che offrono sostegno, comprensione e incoraggiamento reciproci.

Questo tipo di supporto può manifestarsi in molte forme, come l'ascolto empatico, l'offerta di consigli pratici, l'incoraggiamento morale o la semplice presenza in momenti di difficoltà.

Il supporto sociale contribuisce a un senso di appartenenza e di valore personale, e può aiutare le persone a superare le sfide, a gestire lo stress e a mantenere un benessere emotivo.

Un esempio pratico: immagina di aver deciso di intraprendere un nuovo percorso di carriera che ti mette di fronte a sfide e incertezze.

Condividi i tuoi progetti con un amico di lunga data che ha dimostrato di essere una persona di fiducia.

Questo amico ti ascolta attentamente, ti offre incoraggiamento e ti supporta nelle tue decisioni.

Ti offre anche il suo aiuto nel cercare opportunità di lavoro o nella connessione con persone che possono aiutarti nella ricerca del tuo nuovo lavoro.

Sentendo la sua fiducia in te e ricevendo il suo sostegno, ti senti più sicuro di te stesso e motivato a perseguire i tuoi obiettivi.

Quando ci si sente fiduciosi e supportati dagli altri, si possono affrontare con più coraggio e resilienza le sfide che si presentano lungo il cammino.

Per coltivare la fiducia reciproca e il supporto sociale, è importante essere autentici, onesti e rispettosi.

Dobbiamo dimostrare il nostro impegno nel sostenere gli altri, offrendo ascolto attento, comprensione e incoraggiamento quando necessario.

Inoltre, dobbiamo anche essere disposti a chiedere aiuto e ad accettare il sostegno degli altri quando ne abbiamo bisogno.

In questo modo, possiamo creare legami più forti basati sulla fiducia reciproca e sul supporto sociale.

6.4 Creare legami significativi

I legami sono caratterizzati da connessioni profonde, reciproca comprensione e condivisione di valori e obiettivi comuni.

Per creare legami significativi, è importante investire tempo ed energia nelle relazioni che sono importanti per noi.

Ciò implica dedicare attenzione e risorse emotive alle persone con cui ci sentiamo più vicini e con cui desideriamo costruire un rapporto profondo.

Questo tipo di legame nasce con la condivisione di esperienze ed emozioni autentiche.

Quando ci apriamo agli altri, permettendo loro di conoscerci davvero, generiamo un ambiente di fiducia e intimità che favorisce la crescita delle relazioni.

Ciò avviene attraverso la condivisione di sogni, paure, gioie e tristezze, che crea a sua volta la volontà di ascoltare e sostenere gli altri nelle loro esperienze.

Essere disposti ad esprimere i propri sentimenti, bisogni e desideri, così come ascoltare attivamente gli altri, permette di approfondire la comprensione reciproca e la connessione.

Prova ad immaginare di avere un interesse comune per la musica e di conoscere qualcuno che condivide questa passione.

Decidete di condividere una serata in cui andate ad un concerto di un artista che entrambi amate.

Durante la serata, avete la possibilità di sperimentare l'entusiasmo e l'emozione provate di fronte alla musica che amate, di ballare e cantare insieme.

In seguito, avrete l'opportunità di parlare della vostra esperienza comune, dei vostri artisti preferiti e di ciò che vi ha colpito di più.

Questo momento di condivisione crea un legame più profondo basato sull'amore per la musica e l'esperienza condivisa.

È anche importante nutrire le relazioni attraverso il sostegno reciproco.

Essere presenti per gli altri nei momenti di bisogno e offrire il proprio aiuto.

Anche incoraggiare il successo altrui è un modo efficace per costruire una connessione più forte.

Infine, ricorda che anche la creazione di legami significativi richiede tempo e pazienza.

Non tutte le relazioni si sviluppano allo stesso ritmo e alcune richiedono più impegno per mantenere una connessione profonda.

Tuttavia, l'investimento in relazioni significative porta con sé una ricchezza emotiva e un senso di appartenenza che arricchiscono la nostra vita e il nostro benessere.

Capitolo 7: Mantenere una mentalità di crescita

Una mentalità di crescita è un atteggiamento che ci spinge a credere che le nostre abilità, le nostre capacità e il nostro potenziale possano essere sviluppati attraverso sforzo, impegno e apprendimento continuo.

Questo approccio ci permette di affrontare le sfide con fiducia, di superare gli ostacoli e di perseguire costantemente il nostro sviluppo personale.

7.1 La riprogrammazione mentale

La riprogrammazione mentale è un processo attraverso il quale possiamo cambiare le nostre convinzioni, gli schemi di pensiero limitanti e i comportamenti negativi che ci impediscono di crescere e raggiungere il nostro pieno potenziale.

Questo processo ci consente di trasformare le nostre abitudini mentali e di adottare nuove prospettive che favoriscano la nostra crescita personale.

Per avviare il processo di riprogrammazione mentale, è fondamentale capire quali sono le nostre convinzioni limitanti e i modelli di pensiero che ci trattengono.

Queste convinzioni possono essere radicate in esperienze passate, insegnamenti culturali o giudizi interiori che ci ostacolano, sia nella visione di noi stessi, che delle nostre possibilità.

Immaginiamo una persona che ha sempre creduto di non essere abbastanza brava in un'attività specifica, come la pittura, ad esempio.

Questa convinzione limitante deriva da un'esperienza negativa passata in cui ha ricevuto un commento critico su una sua opera.

A causa di questo condizionamento, la persona si è

rifiutata di cimentarsi di nuovo con la pittura, rinunciando così alla sua passione.

Per avviare la riprogrammazione mentale, questa persona dovrebbe iniziare ad analizzare le radici della convinzione di non essere brava, e riconoscere che il commento critico di una sola persona non deve definire la sua abilità o il suo valore come artista.

Potrebbe anche esplorare l'idea che il fallimento o le difficoltà iniziali fanno parte del processo di apprendimento e che tutti possono migliorare attraverso la pratica e la dedizione.

Successivamente, la persona potrebbe iniziare a sostituire i pensieri negativi con affermazioni positive e incoraggianti.

Potrebbe riprogrammare la propria mente ripetendo a sé stessa frasi come: *"Sono capace di imparare e migliorare costantemente le mie abilità artistiche"* o *"Le mie opere sono un'espressione unica di me stesso e valgono la pena di essere create".*

La pratica costante della riprogrammazione mentale coinvolge anche l'utilizzo di tecniche come l'autoipnosi, la visualizzazione creativa e l'affermazione quotidiana.

Queste tecniche aiutano a rafforzare i nuovi modelli di pensiero positivi e a consolidare il cambiamento desiderato nella nostra mente.

La riprogrammazione mentale è un processo che ci permette di trasformare le nostre convinzioni limitanti in nuove prospettive che ci spingono verso la crescita e il successo.

Con la pratica e la consapevolezza, possiamo liberarci dai vecchi schemi mentali che ci trattengono e abbracciare una mentalità di crescita che ci permetterà di raggiungere il nostro pieno potenziale.

7.2 Sperimentare nuove esperienze e sfide

Sperimentare nuove esperienze e affrontare sfide è un elemento fondamentale per coltivare una mentalità di crescita.

Quando ci mettiamo in gioco e ci spingiamo al di là della nostra zona di comfort, apriamo la porta a nuove opportunità di apprendimento, sviluppo e scoperta di noi stessi.

Per sperimentare nuove esperienze, è importante essere aperti e curiosi nei confronti del mondo che ci circonda.

Ciò può significare cercare nuovi hobby, viaggiare in luoghi sconosciuti, imparare una nuova lingua o iscriversi a corsi che ci interessano.

L'obiettivo è quello di allargare i nostri orizzonti e aprirci a nuove prospettive.

Affrontare sfide è un altro aspetto cruciale per la crescita personale.

Quando ci mettiamo alla prova e affrontiamo situazioni mai vissute prima, sviluppiamo la nostra resilienza e la nostra capacità di superare gli ostacoli.

Le sfide possono assumere molte forme, come imparare una nuova competenza, affrontare una paura o risolvere un problema complesso.

È attraverso il confronto con queste sfide che possiamo crescere e sviluppare le nostre abilità.

Immaginiamo una persona che ha sempre avuto paura di parlare in pubblico.

Questa paura ha limitato le sue opportunità di crescita personale e professionale.

Per coltivare una mentalità di crescita, decide di affrontare la sua paura, partecipando a un corso di public speaking.

Durante il corso, si esercita a parlare in pubblico, impara le tecniche di comunicazione efficace e riceve feedback costruttivi sui suoi progressi.

Affrontando la paura e mettendosi alla prova, inizia a superare gradualmente l'ansia e a sviluppare una maggiore fiducia nelle sue capacità di parlare in pubblico.

Dopo il corso, decide di mettere in pratica le competenze acquisite partecipando a eventi di networking o tenendo presentazioni al lavoro.

Nonostante le sfide e l'ansia iniziale, l'impegno e la pratica costante portano a miglioramenti significativi nella sua abilità di parlare in pubblico.

Questa esperienza gli ha aperto nuove opportunità professionali e personali, ampliando la sua zona di comfort e promuovendo la sua crescita personale.

Sperimentare nuove esperienze e affrontare sfide richiede coraggio e determinazione.

Tuttavia, è attraverso queste esperienze che possiamo sviluppare una mentalità di crescita e scoprire nuove possibilità e potenzialità dentro di noi.

Sia che si tratti di imparare una nuova abilità,

intraprendere un viaggio avventuroso o affrontare una paura, ogni esperienza ci offre l'opportunità di crescere e diventare la migliore versione di noi stessi.

7.3: Apprendere dall'errore e dal fallimento

Apprendere dall'errore e dal fallimento è un elemento fondamentale per sviluppare una mentalità di crescita.

Spesso, siamo condizionati. e consideriamo l'errore e il fallimento come qualcosa di negativo e da evitare, ma in realtà possono offrirci preziose opportunità di apprendimento e crescita.

È importante non lasciarci abbattere o smettere di provare.

Invece, dobbiamo adottare una prospettiva diversa e considerare queste esperienze come occasioni per imparare e migliorare.

Questo significa accettare che l'errore fa parte del processo di apprendimento e che nessuno è perfetto.

Immaginiamo una persona che ha sempre avuto l'ambizione di avviare una propria attività imprenditoriale.

Tuttavia, la sua prima iniziativa ha fallito e l'azienda è stata chiusa.

Invece di considerare questo fallimento come una sconfitta, la persona decide di analizzare le cause dell'insuccesso e di trarne insegnamenti.

La persona riconosce che alcune decisioni prese in fase di avvio dell'attività non sono state le migliori e che ci sono state carenze nella gestione finanziaria e nella strategia di marketing.

Invece di lasciarsi abbattere, decide di apprendere dalle proprie esperienze e di acquisire le competenze necessarie per avere successo nel futuro.

Attraverso l'analisi critica dell'esperienza passata, identifica gli errori commessi e sviluppa una nuova strategia di business.

Studia, partecipa a corsi di formazione, cerca il supporto di mentori e si impegna nel networking per ampliare le proprie conoscenze e competenze imprenditoriali.

Con una visione rinnovata e una mentalità di crescita, avvia una nuova attività imprenditoriale.

Questa volta, applica gli insegnamenti appresi nelle esperienze passate e si impegna a migliorare costantemente, facendo attenzione a non ripetere gli errori commessi in precedenza.

Il risultato è un successo notevole, con la nuova attività che cresce e si consolida nel tempo.

Ha imparato che il fallimento non significa la fine del percorso, ma piuttosto un'opportunità per imparare, crescere e progredire.

Apprendere dall'errore e dal fallimento richiede umiltà e apertura mentale.

È importante accettare che sbagliare fa parte del processo di crescita.

Quando riusciamo a vedere l'errore come un'occasione per migliorare e sviluppare nuove competenze, diventiamo più forti e pronti ad affrontare le sfide che incontriamo lungo il cammino.

Capitolo 8: Tecniche pratiche

Ripercorriamo insieme i passaggi fondamentali del libro attraverso alcune tecniche che possiamo applicare nel nostro quotidiano per migliorare sensibilmente la qualità della nostra vita.

La pratica della consapevolezza

Dedichiamo alcuni minuti al giorno a essere presenti e ad essere consapevoli dei nostri pensieri, delle nostre emozioni e delle sensazioni fisiche senza giudizio.

Per iniziare, trova un luogo tranquillo e comodo dove puoi sederti in modo rilassato.

Chiudi gli occhi e porta la tua attenzione alla tua respirazione.

Osserva il flusso dell'aria che entra e esce dal tuo corpo, senza cercare di controllarlo.

Senti il movimento del tuo respiro, sia nell'addome che nel petto.

Puoi concentrarti sulle sensazioni fisiche associate alla respirazione, come la sensazione dell'aria che passa attraverso le narici o il movimento ritmico del tuo corpo.

Durante questo processo, potresti notare che iniziano a emergere pensieri nella tua mente.

Non cercare di sopprimerli o di modificarli, ma lasciali passare come nuvole nel cielo.

Osservali senza giudizio, come un osservatore neutrale.

Ad esempio, se ti rendi conto di avere il pensiero *"Devo fare ancora tante cose oggi"*, prendi coscienza di questo pensiero senza valutarlo come buono o cattivo.

Nota semplicemente che è lì e lascialo andare

gentilmente, riportando la tua attenzione alla respirazione.

Questo esercizio di consapevolezza ti aiuta a distanziarti dai pensieri, permettendo loro di passare senza aggrapparti ad essi.

Ti aiuta a sviluppare una maggiore consapevolezza di te stesso e dei tuoi modelli di pensiero, senza essere totalmente identificato con essi.

Con il tempo, questa pratica ti permette di riconoscere i modelli di pensiero ricorrenti che possono causare stress o ansia, e ti dà la possibilità di rispondere a essi in modo più consapevole e calmo.

Un altro esempio immagina di trovarti in una situazione stressante al lavoro.

A volte potrai notare che la tua mente inizia a riempirsi di pensieri ansiosi riguardanti le scadenze da rispettare.

Invece di lasciare che questi pensieri abbiano il sopravvento, puoi osservarli senza giudizio, riconoscendo che sono solo pensieri e non la realtà.

Quindi, puoi gentilmente riportare la tua attenzione alla tua respirazione per qualche istante, permettendo alla tensione di diminuire e tornando a concentrarti sul compito che hai di fronte in modo più calmo e determinato.

La pratica del rilassamento

È un'ottima tecnica per gestire l'eccesso di pensiero e ridurre l'ansia.

Devi solo trovare un luogo tranquillo e confortevole dove puoi dedicare del tempo a rilassarti e a liberare la tua mente dalle preoccupazioni.

Trova un posto in cui ti senti a tuo agio.

Può essere una poltrona comoda, un letto o anche un tappetino da yoga.

Siediti o distenditi in una posizione che ti consenta di rilassare completamente il corpo.

Assicurati che sia un ambiente silenzioso e privo di distrazioni.

Una delle tecniche di rilassamento più efficaci è la "respirazione profonda".

Metti una mano sul tuo ventre e l'altra sul petto.

Respira lentamente e profondamente attraverso il naso, concentrandoti sulla sensazione del respiro che entra nel tuo corpo.

Mentre inspiri, senti il tuo ventre espandersi sotto la tua mano.

Poi espira lentamente attraverso la bocca, sentendo il tuo ventre contrarsi.

Continua a respirare in questo modo per alcuni minuti, concentrandoti completamente sulla sensazione del respiro che entra e esce dal tuo corpo.

Durante questo esercizio, potresti notare che la tua mente inizia a vagare e che pensieri stressanti o preoccupazioni emergono.

Questo è del tutto normale.

Quando ciò accade, lascia che i pensieri passino senza giudizio e gentilmente riporta la tua attenzione alla respirazione.

Concentrati sul ritmo e sulla sensazione del respiro che si muove nel tuo corpo.

Questo esercizio di rilassamento ti aiuterà a ridurre l'ansia e lo stress, consentendo alla tua mente di entrare in uno stato di calma e tranquillità.

Concentrandoti sulla respirazione e sulle sensazioni fisiche associate ad essa, distogli la tua attenzione dagli affanni e dai pensieri ossessivi.

Ad esempio, immagina di essere a casa dopo una giornata stressante al lavoro.

Siediti su una poltrona comoda, chiudi gli occhi e inizia la pratica della respirazione profonda. Inspirando lentamente, senti il tuo ventre gonfiarsi sotto la tua mano.

Espirando dolcemente, senti il tuo ventre rilassarsi.

Continua a respirare in questo modo, concentrandoti completamente sulla sensazione del respiro che entra e esce dal tuo corpo.

Lascia che il rilassamento si diffonda attraverso il tuo corpo, liberandoti dallo stress accumulato durante la giornata e permettendo alla tua mente di trovare pace e tranquillità.

La registrazione dei pensieri

È una tecnica efficace per gestire l'eccesso di pensiero e ottenere una maggiore chiarezza mentale.

Si tratta di prendere un quaderno o un diario e scrivere i tuoi pensieri in modo dettagliato.

Questo processo ti consente di esternalizzare i tuoi pensieri e liberare spazio nella tua mente.

Per iniziare, prendi il tuo quaderno e una penna e trova un luogo confortevole dove puoi concentrarti senza distrazioni.

Scrivi i tuoi pensieri in modo dettagliato.

Se il tuo pensiero è, ad esempio, *"Non riesco mai a fare tutto quello che devo fare"*, fai del tuo meglio per descriverlo nel modo più accurato possibile, includendo anche le emozioni che provi in quel momento, come l'ansia o la frustrazione.

Lascia che i tuoi pensieri fluiscono liberamente sulla pagina, senza giudicarli o cercare di razionalizzarli.

Permetti alle tue emozioni di venire espresse liberamente sulla pagina.

Questo ti aiuta a distanziarti dai pensieri e a prendere consapevolezza delle tue preoccupazioni.

Ecco un esempio pratico:

Immagina di sentirti sopraffatto da una lista di cose da fare che sembra non finire mai.

Prendi il tuo quaderno e inizia a scrivere i tuoi pensieri in merito.

Puoi scrivere qualcosa come: *"Sono così stressato perché ho un sacco di compiti da completare e non so come farò a finirli tutti. Mi sento sopraffatto e preoccupato che non sarò in grado di farcela"*.

Continua a scrivere, esprimendo tutte le tue preoccupazioni e le emozioni.

La registrazione dei pensieri ti permette di esternare le tue preoccupazioni, cacciandole dalla tua mente.

Questo processo può darti una sensazione di sollievo e liberare spazio per pensieri più positivi e costruttivi.

Una volta terminato di scrivere, puoi prenderti un momento per riflettere su ciò che hai scritto e vedere se ci sono modi per affrontare le tue preoccupazioni in modo pratico o per cambiare la tua prospettiva su di esse.

La registrazione dei pensieri può diventare una pratica regolare e puoi farla quando senti il bisogno di svuotare la mente.

La "scrittura libera"

È un metodo per liberare la mente da pensieri intrusivi e ottenere una maggiore chiarezza mentale. Consiste nel dedicare del tempo alla scrittura spontanea, senza preoccuparti della grammatica, della struttura o del contenuto.

Ecco come puoi applicare questa tecnica nella pratica:

- Prepara il materiale: Prendi un quaderno o un foglio bianco e una penna o una matita.
- Imposta un timer: Imposta un timer per un periodo di tempo specifico, ad esempio 10-15 minuti. Questo ti aiuterà a mantenere una scrittura fluida e continua.
- Scrivi liberamente: Inizia a scrivere senza limitazioni o autocensure. Lascia che i tuoi pensieri fluiscano sulla pagina. Non preoccuparti della grammatica, della coerenza

o del giudizio. Scrivi tutto ciò che ti passa per la mente, anche se sembra senza senso o caotico.

- Non interromperti: Durante la scrittura, cerca di non interromperti o correggerti. Lascia che le parole fluiscano senza interruzioni. Se ti blocchi o ti senti bloccato, scrivi semplicemente "non so cosa scrivere" e continua a muovere la penna sulla pagina. Questo aiuterà a superare eventuali blocchi mentali e a mantenere il flusso della scrittura.

Dopo aver completato la sessione di scrittura libera, prendi un momento per leggere ciò che hai scritto.

Potresti notare una maggiore chiarezza mentale, una sensazione di sollievo e un'opportunità di riflettere sui tuoi pensieri.

La scrittura libera è un'ottima tecnica per scaricare i pensieri e le emozioni in modo creativo.

Ti permette di esplorare i tuoi pensieri, ottenere una

maggiore consapevolezza di te stesso e trovare nuove prospettive.

Il "cambio di scenario"

È un'efficace strategia per distogliere la mente dagli eccessivi pensieri e creare una pausa mentale.

Consiste nel modificare l'ambiente circostante o impegnarsi in un'attività diversa per interrompere il flusso dei pensieri ossessivi.

Ecco come puoi applicare questa tecnica nella pratica:

- Riconosci l'eccesso di pensiero:
  Prima di tutto, prendi consapevolezza che stai affrontando un eccesso di pensiero che sta causando stress o ansia. Riconoscere questo stato mentale è il primo passo per gestirlo in modo efficace.
- Cambia l'ambiente:

Sposta la tua attenzione cambiando l'ambiente circostante. Puoi fare una breve passeggiata all'aperto, spostarti in un'altra stanza, o anche solo aprire una finestra per prendere aria fresca. Questo cambiamento di scenario fisico può aiutarti a creare una pausa mentale e rompere il ciclo dei pensieri.

- Coinvolgiti in un'attività diversa:
  Dedicati a un'attività che richiede il tuo focus e la tua attenzione, in modo da distogliere la mente dagli eccessivi pensieri. Puoi scegliere di fare una sessione di esercizio fisico, leggere un libro, ascoltare musica, fare giardinaggio o qualsiasi altra attività che ti piaccia e ti faccia sentire concentrato e coinvolto.

Ecco un esempio pratico:

Immagina di essere preoccupato per un colloquio di lavoro imminente, e i tuoi pensieri continuano a ruotare intorno a possibili domande o scenari negativi.

Per utilizzare la tecnica del cambio di scenario, potresti interrompere il flusso dei pensieri prendendo una breve pausa e uscendo a fare una passeggiata nel parco vicino.

Durante la passeggiata, concentra la tua attenzione sui dettagli del paesaggio, sul canto degli uccelli o sulla sensazione del vento sul tuo viso.

Questo cambio di scenario e l'immersione nella natura ti aiuteranno a distogliere la mente dagli eccessivi pensieri e a creare uno spazio mentale più calmo e equilibrato.

La tecnica del cambio di scenario può essere adattata alle tue preferenze personali e alle circostanze.

L'obiettivo è interrompere il flusso dei pensieri ossessivi, creando una pausa mentale e permettendo alla mente di riposarsi e rigenerarsi.

La "visualizzazione guidata"

È un potente strumento che ti permette di rilassarti, concentrarti e allontanare la mente dai pensieri eccessivi.

Consiste nel creare immagini mentali positive e serene, che ti aiutano a ridurre lo stress e a riportare la mente a uno stato di calma ed equilibrio.

Ecco come puoi applicare questa tecnica nella pratica:

- Trova un luogo tranquillo e scegli una posizione comoda.
- Inizia rilassando il tuo corpo. Puoi iniziare con la respirazione profonda, inspirando lentamente attraverso il naso e espirando attraverso la bocca. Fai attenzione a rilasciare la tensione muscolare mentre espiri. Puoi anche immaginare una luce calda e rilassante che avvolge il tuo corpo, distendendo i

muscoli e inducendo una sensazione di tranquillità.

- Immagina un luogo rilassante e sereno, come una spiaggia, un bosco o una montagna. Descrivi mentalmente i dettagli di questo luogo: i colori, i suoni, gli odori e le sensazioni tattili. Immagina di trovarti fisicamente in questo luogo e immergiti completamente nell'atmosfera pacifica che ti circonda.

- Osserva attentamente i dettagli del tuo ambiente immaginario. Puoi notare la brezza che ti accarezza, il suono delle onde che si infrangono sulla spiaggia o il profumo delle piante circostanti. Sii consapevole di come ti senti in questo luogo: vivi la sensazione di calma, di tranquillità e di pace interiore.

- Continua a visualizzare questo luogo rilassante e immagina di immergerti completamente in esso. Puoi anche associare questa visualizzazione a un mantra o a una frase positiva che ti aiuti a mantenere la concentrazione e a rilassarti ancora di più.

La visualizzazione guidata ti offre una pausa mentale, consentendoti di allontanarti dai pensieri eccessivi e di immergerti in un'esperienza immaginaria rilassante.

Questa pratica favorisce il rilassamento, la concentrazione e il ripristino di uno stato mentale più calmo e bilanciato.

Il "grounding" o "ancoraggio"

Questo metodo sfrutta i tuoi sensi per creare una connessione con l'ambiente circostante, permettendoti di rilassarti e di ristabilire l'equilibrio mentale.

Ecco come puoi applicare questa tecnica nella pratica:

- Sintonizzati sui tuoi sensi: Trova un luogo tranquillo e comodo dove puoi sederti. Inizia

prendendo consapevolezza dei tuoi sensi.
Focalizzati su ciò che vedi e senti.

- Osserva gli oggetti circostanti: Concentrati su ciò che vedi intorno a te. Nota i dettagli, i colori, le forme. Puoi concentrarti su un oggetto specifico e osservarlo attentamente, esplorando ogni suo aspetto.

- Senti il tuo corpo: Porta l'attenzione al tuo corpo. Nota la sensazione del contatto con la superficie su cui ti trovi. Osserva le sensazioni tattili, come il peso del tuo corpo, la temperatura o il contatto con le superfici circostanti.

- Concentrati sulla respirazione: Focalizza l'attenzione sulla tua respirazione. Puoi contare i tuoi respiri o semplicemente osservare il ritmo naturale della respirazione senza cercare di modificarlo.

- Sintonizzati ai suoni: presta attenzione ai suoni che ti circondano, sia quelli vicini che quelli più lontani. Ascolta attentamente i rumori, le voci, la musica. Prenditi del tempo per notare i diversi timbri e le sfumature sonore.

La tecnica del grounding o ancoraggio ti aiuta a riportare la tua attenzione nel momento presente, creando una sensazione di calma e di connessione con l'ambiente circostante.

La "distrazione consapevole"

Ti aiuta a spostare l'attenzione dai pensieri eccessivi verso attività piacevoli e coinvolgenti.

Si tratta di impegnare attivamente la mente in qualcosa di stimolante per interrompere il flusso dei pensieri negativi.

Ecco come puoi applicare questa tecnica nella pratica:

- Identifica attività piacevoli:

  Scegli una serie di attività che trovi interessanti, appaganti o divertenti. Potrebbero essere indicati l'ascoltare musica, leggere un libro, fare un puzzle, dipingere o fare una passeggiata all'aperto.

- Scegli l'attività in base al contesto:

  Scegli un'attività che sia adatta al momento e al luogo in cui ti trovi. Ad esempio, se sei a casa, potresti scegliere di leggere un libro o di ascoltare la tua musica preferita.

- Immergiti nell'attività:

  Dedicati completamente all'attività scelta. Concentrati sui dettagli, lasciandoti coinvolgere completamente. Ad esempio, se stai leggendo un libro, immergiti nella trama e nei personaggi, facendo attenzione a ogni parola e immagine mentale che si crea nella tua mente.

- Nota il cambiamento di stato mentale:

  Durante l'attività, osserva come i tuoi pensieri vengono gradualmente messi in secondo piano. Presta attenzione al senso di piacere, rilassamento e coinvolgimento che sperimenti.

Conclusioni

"Amati per quello che sei, per quello che sei stato e per quello che sarai." - Rumi

Questo aforisma dell'autore mistico e poeta Rumi ci invita ad amarci completamente, accettando tutte le nostre sfaccettature: il passato, il presente e il futuro.

Ci ricorda che l'amore verso noi stessi deve abbracciare ogni aspetto del nostro essere, compresi gli errori passati, le sfide attuali e le potenzialità future.

Solo quando impariamo ad amarci incondizionatamente, possiamo trovare la pace interiore e il benessere che desideriamo.

"Come Smettere di Pensare Troppo" ci ha guidato in un viaggio profondo e trasformativo verso la liberazione dai pensieri ossessivi e il raggiungimento di una mente più razionale, calma ed equilibrata.

Attraverso le pagine di questo libro, abbiamo esplorato varie strategie e tecniche pratiche per gestire l'eccesso di pensiero e coltivare una maggiore consapevolezza di noi stessi.

A volte i concetti vi saranno sembrati ripetitivi, ma soltanto con l'applicazione costante di alcuni meccanismi si riescono a raggiungere i risultati che ci prefiggiamo, quindi via libera ai concetti positivi ripetuti come mantra, via libera agli schemi "buoni" e all'applicazione quotidiana dei concetti fondamentali del benessere interiore.

Durante il percorso, abbiamo imparato l'importanza della consapevolezza, dell'auto-osservazione e della pratica del mindfulness.

Abbiamo capito come riconoscere i nostri schemi di pensiero, riflettuto sul concetto di lasciar andare i pensieri negativi e analizzato l'essenzialità di vivere nel momento presente.

Abbiamo scoperto l'efficacia della respirazione

consapevole, della meditazione e di altre tecniche di rilassamento per calmare la mente e ridurre l'ansia.

Inoltre, abbiamo esplorato l'importanza di coltivare uno stile di vita equilibrato, includendo l'attività fisica, il sonno adeguato, una corretta alimentazione e il tempo per attività ricreative ed edificanti.

Abbiamo compreso che prendersi cura di sé stessi è fondamentale per ridurre lo stress e avere una mente sana.

Durante il nostro cammino, abbiamo anche riconosciuto l'importanza di essere gentili e compassionevoli verso noi stessi.

Abbiamo imparato a sostituire il giudizio e l'autocritica con l'amore e l'accettazione incondizionata di chi siamo.

Questo ci ha permesso di liberarci dalle aspettative irrealistiche e di abbracciare la nostra autenticità.

Ogni capitolo di questo libro ci ha offerto strumenti pratici e consigli preziosi per gestire l'eccesso di pensiero e raggiungere uno stato di pace interiore.

Tuttavia, ricordiamo che la pratica è fondamentale.

Smettere di pensare troppo richiede tempo, dedizione e costanza.

È un processo in continua evoluzione, in cui siamo chiamati a coltivare una mente aperta e flessibile.

Desidero ringraziarvi per aver intrapreso questo viaggio con me.

La ricerca di una mente equilibrata e serena è un dono prezioso che possiamo offrire a noi stessi.

Spero che le conoscenze e le strategie condivise in questo libro vi abbiano ispirato e vi accompagnino lungo il vostro percorso di crescita personale.

Spero che potremo iniziare ad abbracciare la bellezza del presente, a coltivare l'amore per noi stessi e vivere una vita arricchita da pensieri positivi ed equilibrati.

Abbiamo il potere di trasformare la relazione con la nostra mente e di creare una vita piena di gioia, serenità e autenticità.

INFORMAZIONI SULL'AUTORE

Tommaso Farone è un autore affermato e dinamico, esperto di comunicazione, PNL e scienze della persuasione. Ha lavorato in aziende di tutto il mondo e da tempo è un insegnante, un mentore e un consulente di fiducia. La sua conoscenza specialistica del linguaggio del corpo, delle tecniche di persuasione e del comportamento umano subconscio offre ai lettori una finestra unica sulla loro mente ma anche su quella degli altri. Il suo stile di scrittura è stato spesso definito coinvolgente e in grado di affascinare il lettore con la sua miscela di fascino, arguzia e intelligenza incisiva: una combinazione potente che rende ogni libro un'esperienza davvero illuminante.

Printed by Amazon Italia Logistica S.r.l.
Torrazza Piemonte (TO), Italy

50655798R00067